LE
CONSEIL DE GENÈVE

JUGEANT

LES ŒUVRES DE ROUSSEAU

PAR

EUGÈNE RITTER

Alliance libérale, 14 Juillet 1883

GENÈVE

LIBRAIRIE H. GEORG

1883

GENÈVE. — IMPRIMERIE SCHIRA-BLANCHARD

Je feuilletais l'autre jour un des nombreux
manuscrits que nous devons à la plume de François
Rocca.[1] Ce volume, qui porte dans la Bibliothèque
de notre Société d'Histoire le numéro 187, contient

[1] Fils du pasteur Jean Rocca, et né en 1706, François
Rocca, avocat, entra au Deux-Cent dans la fournée
de 1746, occupa pendant une année (1754) la place de
secrétaire de la Justice, et pendant six ans (1762-1768)
celle de secrétaire du Consistoire. Enfin, le 4 avril 1768,
il fut nommé commissaire-général de la République, c'est-
à-dire son feudiste, son archiviste ; et il occupa jusqu'à sa
mort (25 mai 1776) ces fonctions qui ont dû lui sourire : car
il aimait à recueillir et à copier des documents historiques.

Il a eu deux petits-fils qui ont fait beaucoup parler d'eux :
le second mari de madame de Staël ; et ce personnage qui
fut un des types de l'ancienne Genève, et le dernier de son
nom : dans notre ville, il y a une trentaine d'années, tout
le monde le connaissait.

une dizaine de cahiers reliés ensemble, parmi lesquels j'en remarquai un qui porte au dos ce titre : *Note de ce qui a été dit en Conseil le 18 juin 1762, au sujet de Rousseau, citoyen de Genève, et de son* CONTRAT SOCIAL, *et d'*EMILE *ou de l'*EDUCATION.

Je m'empressai de lire ce morceau, et je vis que j'avais sous les yeux une copie des notes qui ont été prises — par un des secrétaires d'Etat, sans doute, J.-J. de Chapeaurouge ou Pierre Lullin — dans les séances que tint le Conseil, les 18 et 19 juin 1762. Ces phrases heurtées, sans suite, ces répétitions multipliées, c'est l'écho de la délibération même, ce sont des fragments de discours saisis au vol, et couchés aussitôt sur le papier. Je venais de mettre la main sur un document qui méritait assurément de voir le jour. On y voit au naturel les pensées que les magistrats roulaient dans leur esprit. C'est comme une fourmilière qui s'agite.

On sait cependant qu'il faut se garder d'attribuer aux rogatons inédits qu'on rencontre, plus d'importance qu'aux pièces imprimées qui sont depuis longtemps connues ; et cette règle générale se confirme ici. Le morceau qu'on va lire n'a pas autant d'importance que les « Conclusions » du procureur-général Jean-Robert Tronchin, que M. Marc Viridet a publiées en 1850, dans une brochure intitulée : *Documents officiels et contemporains sur quelques-unes des condamnations dont l'*Emile *et le* Contrat social *ont été l'objet en* 1762. Genève, imprimerie Vaney, 72 pages grand in-8°.

Les mêmes idées se retrouvent dans les deux documents ; mais Tronchin les exprime mieux, les développe avec talent, avec une justesse de vues qui étonne ; et ce réquisitoire rédigé à la hâte mérite déjà l'éloge que J.-J. Rousseau a fait des *Lettres de la Campagne,* qui parurent quinze mois après : « Cette pièce, monument durable des rares talents de son auteur, était du procureur-général Tronchin, homme d'esprit, homme éclairé, très versé dans les lois et le gouvernement de la République. »

Les renseignements nouveaux qu'on peut tirer du document inédit que je livre au public, sont en petit nombre. On les trouvera dans les §§ 8 et 27. — C'est moi qui ai donné un numéro à chaque paragraphe, afin de faciliter le classement des idées, qui sont amoncelées au hasard.

Quelques paragraphes (7, 19, 24 — voir aussi § 3) répètent comme un refrain que Rousseau réduisait la religion à « un parfait déisme ». Ce fut la formule adoptée par les adversaires des idées du Vicaire Savoyard. C'est ce qui explique tout le bruit que fit la lettre écrite deux mois après par Jean-Jacques au pasteur de Montmollin, pour exprimer son désir de « participer à la communion des fidèles, et d'être uni extérieurement à l'Eglise comme il l'était dans le fond de son cœur ».

Dans les §§ 12 et 13, il est question du Résident de France à Genève ; et dans le § 17, de M. de Sellon, chargé d'affaires de la République à Paris. La décision que le Conseil prit à leur égard se lit à la page 22 de la brochure de M. Viridet.

La lecture des « conclusions » du procureur-général nous apprend que Tronchin n'estimait pas que le Conseil dût procéder contre la personne de l'auteur d'*Emile*. Je me sépare ici de M. Viridet, qui commente malignement (page 18) une phrase de Tronchin : « Je ne vois pas, disait celui-ci, quel tour on pourrait donner à la procédure. » — « Cette phrase, remarque M. Viridet, est caractéristique. M. le procureur-général ne serait peut-être point fâché de trouver moyen de donner un tour convenable à la procédure ; mais, malgré ses talents, il ne sait. »

M. Viridet s'est égaré, il me semble, en s'imaginant que Jean-Robert Tronchin voulait du mal à Jean-Jacques Rousseau. Ce magistrat avait l'esprit trop éclairé et l'âme trop élevée pour pouvoir se laisser aller à de tels sentiments. Il discutait avec ses collègues sur la marche à suivre ; et tandis qu'ils étaient disposés (comparer les §§ 5, 11, 18, 22, 25) à procéder contre la personne de Rousseau, il les en détourne, en invoquant (page 17 de la brochure de M. Viridet) un argument qui mérite d'être examiné de près et dont je reparlerai dans une autre et prochaine occasion. Mais les collègues de Tronchin n'entrèrent pas dans l'idée qu'il leur suggérait (voir §§ 4 et 23).

Des trois avis ténorisés au § 27 de nos notes, le second « de ne pas décréter le sieur Rousseau » me paraît coïncider avec le sentiment de Tronchin. Il dit, dans son réquisitoire, que le Conseil devrait se contenter de conserver le droit de juger Rousseau, s'il se représentait. Autre chose est de rappeler ainsi que le Conseil avait ce droit ; autre chose de dire, comme l'arrêté qui fut adopté : « Au cas que le dit J.-J. Rousseau, absent, vienne dans la ville ou dans les terres de la Seigneurie, il devra être saisi et appréhendé, pour être ensuite prononcé sur sa personne ce qu'il appartiendra. »

Le § 21 contient un projet d'arrêté qui a été fait en séance ; cette rédaction n'a pas eu de succès et le Conseil a préféré s'en tenir au dispositif plus maigre et plus sec contenu dans le dernier paragraphe des « conclusions » du procureur-général.

*

Le libellé adopté s'y est collé à peu près complète-
ment; j'ai souligné dans le § 21 les phrases qui
ont passé dans le texte définitif de l'arrêté.

Il est temps de terminer cet avant-propos, et
de mettre sous les yeux du lecteur les notes que
Rocca nous a conservées.

18 juin 1762

En Conseil, il a été dit ce qui est noté ci-contre :

Sur le *Contrat Social*, 1 vol. in-8°, et *Emile ou de l'Education*, 4 vol. in-12 [1], Amsterdam, 1762, par J.-J. Rousseau, citoyen de Genève :

1. On a témoigné beaucoup de douleur de ce qu'un ouvrage contenant des principes destructifs

[1] Deux éditions de l'*Emile* avaient paru simultanément : Amsterdam, 4 vol. in-12 et La Haye, 4 vol in-8°. A Paris, on avait lacéré et brûlé un exemplaire de l'édition in-8° ; à Genève, c'est un exemplaire de l'édition in-12 qui fut déchiré et brûlé, par l'exécuteur de la Haute Justice — et non point par un chasse-gueux, comme je l'ai dit à tort dans les *Etrennes chrétiennes* de 1881, page 214. Je viens de lire en effet, dans le manuscrit 105 de la Société d'Histoire, page 624, le récit de l'exécution (en effigie) de Micheli du Crest, qui montre que le chasse-gueux faisait bien fonction d'aide et de valet du

de tout gouvernement, et de toute religion révélée, paraissait sous le nom d'une personne qui se qualifiait citoyen de Genève ; — principes d'autant plus nuisibles à la société, qu'il renverse les principes sur lesquels sont établis les fondements et les preuves de la religion chrétienne et de tout Etat.

2. Les livres du *Contrat Social* et *Emile*, dangereux par la persuasion, suite de son éloquence,

3. Rousseau, dans son *Emile,* fait une profession ouverte de déisme.

4. Rousseau, qui se qualifie citoyen de Genève, s'est écarté de son devoir de bourgeois.

bourreau, mais que c'était de la main de celui-ci que les livres condamnés étaient mis en pièces et mis au feu :

« M. l'auditeur André Gallatin et M. Isaac Marcombes étaient à cheval, et allèrent à Plainpalais accompagnés des huissiers et sergents avec leurs hallebardes, du portrait du sieur Du Crest porté par un chasse-gueux, et de l'exécuteur public, avec son manteau et l'épée au côté. Quand ils furent arrivés à Plainpalais, M. l'auditeur Gallatin remit à l'exécuteur public, au bas de l'échafaud, l'imprimé intitulé : *Requête*, *Avertissement*, *Placet*, *Mémoire du sieur Micheli du Crest*, etc., et lui ordonna de le déchirer, ce qu'il fit ; puis ayant allumé du feu, il le mit dedans. Après quoi, il pendit à un bâton qui était sur l'échafaud le portrait de Du Crest ; alors M. l'Auditeur et M. le Sautier se retirèrent avec les huissiers, chasse-gueux et exécuteur public ; et d'abord après, des jeunes gens, à coups de pierres, se mirent à mettre en pièces le portrait de Du Crest. »

5. Qu'il a mérité un jugement, tant sa personne que ses livres, *Emile* et le *Contrat Social*.

6. Que nous désapprouvons ces deux livres, sa conduite, ses principes.

7. Le *Contrat Social* contient des systèmes de gouvernement, dont les principes sont dangereux pour notre Constitution; et que, dans l'un comme dans l'autre, il détruit la religion chrétienne, la tournant en ridicule, et voulant tout ramener à un parfait déisme.

8. Le débit d'*Emile* et du *Contrat Social* se fait à Coppet et à Nyon.

9. Ecrire à Berne, sur ce que ces deux livres se vendent à Coppet et à Nyon.

10. Ecrire là-dessus à Nyon.

11. Procéder sur les livres d'*Emile* et du *Contrat Social*, et sur l'auteur qui se nomme Jean-Jacques Rousseau, citoyen de Genève.

12. En députer au Résident.

13. En parler au Résident.

14. Détruit les miracles en son troisième volume d'*Emile* ou *de l'Education*.

15. Indifférence de toute religion règne dans le livre d'*Emile*.

16. Principes destructifs de tous gouvernements, et très dangereux pour le nôtre, dans le *Contrat Social*.

17. Ordre à M. Sellon, qu'au cas qu'on lui parle du *Contrat Social*, de dire qu'on le désapprouve à tous égards.

18. L'affectation de l'auteur, de ce qu'il a paru sous le nom d'un de nos citoyens.

19. Il ramène la religion à un parfait déisme, contenant d'ailleurs plusieurs traits indécents et contraires à la pudeur.

20. Des principes destructifs de tout gouvernement, et du nôtre en particulier, sur ce qu'il est dit entre autres dans le *Contrat Social*, au chapitre XVIII (Des moyens de prévenir les usurpations du Gouvernement): Qu'un peuple doit avoir des assemblées générales périodiques [1]; que l'ouverture de ces assemblées qui n'ont pour objet, dit-il, que le maintien du traité social, doit toujours se faire par deux propositions, que l'on ne puisse jamais supprimer, et qui passent séparément par les suffrages. La première, s'il plaît au souverain de conserver la présente forme de gouvernement; la seconde, s'il plaît au peuple d'en laisser l'administration à ceux qui en sont actuellement chargés: Propositions tout à fait anarchiques, a-t-on dit, et destructives de toute constitution et forme de gouvernement.

[1] Cp. ce que Tronchin dit de ces assemblées périodiques (page 15 de la brochure de M. Viridet.)

21. Vu que le *Contrat Social* contient un système de gouvernement dont les principes sont pernicieux, très dangereux pour toute Constitution, et que dans le dit livre, comme dans celui intitulé : *Emile ou de l'Education, il détruit la religion chrétienne,* toute révélation et les miracles étant tournés en ridicule, et voulant ramener toute la religion à un parfait déisme...

Vu les conclusions du sieur J.-R. Tronchin, *Procureur-général ;*

Ouï le rapport des Seigneurs scholarques, par lequel il résulte que le livre sur les principes du gouvernement, intitulé : *Du Contrat Social ou Principes du Droit politique,* contient un système pernicieux à l'autorité souveraine, *destructif* de la société et *de tout gouvernement,* et fort dangereux pour notre Constitution ; — et celui intitulé : *Emile ou de l'Education,* contient un parfait déisme, dans lequel il détruit les miracles et les prophéties, etc., les preuves et fondements de la religion chrétienne ;

A ces causes, Messeigneurs ordonnent et sentencent que le *Contrat Social ou Principes du Droit politique,* de même qu'*Emile ou de l'Education,* qui portent le nom de Jean-Jacques Rousseau, citoyen de Genève, imprimés à Amsterdam, 1762, seront *lacérés et brûlés* publiquement, devant l'Hôtel de Ville, *par l'exécuteur de la haute justice*, mandant au seigneur Lieutenant de faire mettre la présente sentence à exécution, ordonnant [2] à *tous imprimeurs, libraires, colporteurs* et autres d'*imprimer*, et *débiter* les livres du sieur Rousseau, intitulés : *Emile* ou *de l'Education* et le *Contrat Social, ordonnant aussi à tous ceux qui en auront des exemplaires de les rapporter dans trois jours en Chancellerie*, entre les mains des seigneurs Secrétaires d'Etat.

Du 19 juin 1762

22. Et au cas que le sieur Rousseau vienne à Genève, il sera appréhendé.

23. Rousseau, dans ses livres, a agi contre son serment de bourgeois.

24. La religion révélée...

25. On a cru qu'il était punissable, et en conséquence il est décrété de prise de corps.

---

[2] *Lapsus calami* pour « défendant ».

26. Voilà les sentiments du gouvernement ; et dans toute la ville, on est indigné de ses principes sur la religion.

NB. — Nombre de citoyens trouvent qu'il a seulement allégué les objections comme de simples doutes de sa raison.

27. Il y a eu trois avis en Conseil : Le premier, de décréter le sieur Rousseau de prise de corps. Le second, de ne pas le décréter. Le troisième : Que s'il venait à Genève, qu'il serait appréhendé pour venir comparaître en Conseil. Cet avis a eu le plus de suffrages.